대한민국 법령 시리즈 128

물관리기본법

법령
시행령
시행규칙

해광출판사

머리말

이 책은 방대한 법전을 보지 않고 간편하게 해당되는 법령만 참고해서 볼 수 있도록 하였습니다. 공공기관이나 관련 종사자들이 쉽고 간편하게 해당 법령을 참조 할 수 있도록 하였습니다.

특히 해당법률은 물론 관련 시행령, 시행규칙을 함께 실어 관련법을 서로 참고할 수 있게 하였습니다.

법률이라는 것이 크든 작든 항상 변하는 관계로, 출간 이후의 정확하고 최신의 법률은 법제처 국가법령정보센터에서 확인이 가능하니 법률의 실제 적용 시 확인이 필요한 점 유의하기를 바랍니다.

편집부

* 수록 법률은 법제처 국가법령정보센터에서 확인 가능합니다.
* 발행일 기준 시행 법률이므로 최신 법령은 위 센터에서 볼 수 있습니다.
* 본 책자에 수록된 법률의 문구에 대하여 법적인 효력은 없으며,
  실제 적용 법률은 위 센터에서 최신의 법률로 확인하시기 바랍니다.
* 해당 법령과 함께 시행령, 시행규칙도 수록되어 있습니다.
* 발행일 기준으로 개정 예정 법률은 밑줄로 별도 표시되어 있으며,
  보다 정확한 것은 법제처에서 확인하기 바랍니다.

목차

물관리기본법

[시행 2021. 7. 6.] [법률 제17841호, 2021. 1. 5., 일부개정]

**개정 예정 법률 밑줄 별도 표시.

물관리기본법

[시행 2021. 7. 6.] [법률 제17841호, 2021. 1. 5., 일부개정]

제1장 총칙

제1조(목적) 이 법은 물관리의 기본이념과 물관리 정책의 기본방향을 제시하고 물관리에 필요한 기본적인 사항을 규정함으로써 물의 안정적인 확보, 물환경의 보전·관리, 가뭄·홍수 등으로 인하여 발생하는 재해의 예방 등을 통하여 지속가능한 물순환 체계를 구축하고 국민의 삶의 질 향상에 이바지함을 목적으로 한다.

제2조(기본이념) 물은 지구의 물순환 체계를 통하여 얻어지는 공공의 자원으로서 모든 사람과 동·식물 등의 생명체가 합리적으로 이용하여야 하고, 물을 관리할 때에는 그 효용은 최대한으로 높이되 잘못 쓰거나 함부로 쓰지 아니하며, 자연환경과 사회·경제 생활을 조화시키면서 지속적으로 이용하고 보전하여 그 가치를 미래로 이어가게 함을 기본이념으로 한다. 〈개정 2020. 5. 26.〉

제3조(정의) 이 법에서 사용하는 용어의 뜻은 다음과 같다.

1. "물순환"이란 강수(降水)가 지표수(地表水)와 지하수(地下水)로 되어 하천·호수·늪·바다 등으로 흐르거나 저장되었다가 증발하여 다시 강수로 되는 연속된 흐름을 말한다.

2. "물관리"란 모든 사람과 생명체가 물을 자연환경의 구성요소 및

사회·경제 활동의 필요요소이자 자원으로서 보전하고 경제적으로 이용하며, 가뭄·홍수로 인한 재해를 줄이거나 예방하는 일을 말한다.

3. “수자원”이란 인간의 생활이나 경제활동 및 자연환경 유지 등을 하는 데 이용할 수 있는 자원으로서의 물을 말한다.

4. “유역”이란 분수령(分水嶺)을 경계로 하여 하천 등이 모이는 일정한 구역을 말한다.

제4조(물 이용의 권리와 의무) ① 누구든지 사용 목적에 적합한 수질의 물을 안정적으로 공급받아 이용할 수 있고, 가뭄·홍수 등의 재해로부터 안전하게 보호받으며 건강하고 쾌적한 물환경에서의 삶을 누릴 권리가 있다.

② 누구든지 지속가능한 물순환 체계를 구축하기 위하여 노력하고 국가와 지방자치단체의 물관리 시책에 협조하여야 한다.

제5조(국가와 지방자치단체의 책무) ① 국가는 물관리의 기본이념에 따라 지속가능한 물관리 체계를 구축하고, 국민의 삶의 질을 향상시키는 데 필요한 종합적인 계획을 수립하여 시행할 책무가 있다.

② 지방자치단체는 국가의 물관리 정책과 관할 구역의 지역적 특성에 맞는 물관리 계획을 수립하여 시행할 책무가 있다.

제6조(사업자의 책무) ① 사업자는 기업활동의 전 과정에서 물을 적정하게 이용하고, 건강한 물환경과 정상적인 물순환에 부정적인 영향을 주지 않도록 노력하여야 한다.

② 사업자는 국가 또는 지방자치단체가 추진하는 물관리 시책에 적극 참여하고 협력하여야 한다.

제7조(다른 법률과의 관계) ① 물관리에 관하여 다른 법률을 제정하

거나 개정하는 경우에는 이 법에 맞도록 하여야 한다.

② 물관리에 관하여 다른 법률에 특별한 규정이 있는 경우를 제외하고는 이 법에서 정하는 바에 따른다.

제2장 물관리의 기본원칙

제8조(물의 공공성) 물은 공공의 이익을 침해하지 아니하고 국가의 물관리 정책에 지장을 주지 아니하며 물환경에 대한 영향을 최소화하는 범위에서 이용되어야 한다.

제9조(건전한 물순환) 국가와 지방자치단체는 물이 순환과정에서 지구상의 생명을 유지하고, 국민생활 및 산업활동에 중요한 역할을 하고 있는 점을 고려하여 생태계의 유지와 인간의 활동을 위한 물의 기능이 정상적으로 유지될 수 있도록 하여야 한다.

제10조(수생태환경의 보전) 국가와 지방자치단체는 물관리를 위한 정책을 수립·시행하는 경우 생물 서식공간으로서의 물의 기능과 가치를 고려하여 수생태계 건강성이 훼손되는 때에는 이를 개선·복원하는 등 지속가능한 수생태환경의 보전을 위하여 노력하여야 한다.

제11조(유역별 관리) 물은 지속가능한 개발·이용과 보전을 도모하고 가뭄·홍수 등으로 인하여 발생하는 재해를 예방하기 위하여 유역 단위로 관리되어야 함을 원칙으로 하되, 유역 간 물관리는 조화와 균형을 이루어야 한다.

제12조(통합 물관리) ① 국가와 지방자치단체는 지표수와 지하수 등 물순환 과정에 있는 모든 형상의 물이 상호 균형을 이루도록 관리하여야 한다.

② 국가와 지방자치단체가 물과 관련된 정책을 수립·시행할 때에는 물순환 과정의 전주기(全週期)를 고려하여야 한다.

③ 국가와 지방자치단체는 물관리를 할 때 수량확보, 수질보전, 가뭄 및 홍수 등으로 발생하는 재해방지, 기후·토지·자원·환경·식생 등과 같은 자연환경, 경제·사회 등에 미치는 영향 등을 종합적으로 고려하여야 한다. 〈개정 2020. 5. 26.〉

제13조(협력과 연계 관리) 국가와 지방자치단체는 물관리 정책을 시행함에 있어 유역 전체를 고려하여야 하며, 어느 한 지역의 물관리 여건 변화가 다른 지역의 물순환 건전성에 나쁜 영향을 미치지 않도록 하여 유역·지역 간 연대를 이루어야 한다.

제14조(물의 배분) 국가와 지방자치단체는 물의 편익을 골고루 누릴 수 있도록 물을 합리적이고 공평하게 배분하여야 하며, 이 경우 동·식물 등 생태계의 건강성 확보를 위한 물의 배분도 함께 고려하여야 한다.

제15조(물수요관리 등) ① 국가와 지방자치단체는 수자원의 개발·공급에 관한 계획을 수립하려는 경우에 용수를 절약하고 물손실을 감소시키기 위한 노력을 통하여 물수요를 적정하게 관리하여야 할 필요성을 그 계획을 수립하기 전에 고려하여야 한다.

② 국가와 지방자치단체는 수자원 부족 또는 가뭄·홍수로 인한 재해에 대비하여 강수의 관리·이용 및 하수의 재이용, 짠물의 민물화 등 대체(代替) 수자원을 개발하고 재해예방을 위한 기술개발을 적극적으로 장려하여야 한다.

제16조(물 사용의 허가 등) 물을 사용하려는 자는 관련 법률에 따라

허가 등을 받아야 한다.

제17조(비용부담) ① 물을 사용하는 자에 대하여는 그 물관리에 드는 비용의 전부 또는 일부를 부담시킴을 원칙으로 한다. 다만, 이 법 또는 다른 법률에서 정하는 특별한 사정이 있는 경우에는 그러하지 아니하다.

② 물관리에 장해가 되는 원인을 제공한 자가 있는 경우에는 그 장해의 예방·복구 등 물관리에 드는 비용의 전부 또는 일부를 그 원인을 제공한 자에게 부담시킴을 원칙으로 한다.

③ 제1항과 제2항에 따른 비용의 부담 및 관리 등에 관하여는 관계 법률에서 정하는 바에 의하고, 그 비용으로 받는 재원은 물관리를 위하여 사용한다.

제18조(기후변화 대응) 국가와 지방자치단체는 기후변화로 인한 물관리 취약성을 최소화하여야 하며, 물순환 회복 등을 통하여 적극적으로 기후변화에 대응할 수 있는 물관리 방안을 마련하여야 한다.

제19조(물관리 정책 참여) 물관리 정책 결정은 국가와 지방자치단체 관계 공무원, 물 이용자, 지역 주민, 관련 전문가 등 이해관계자의 폭넓은 참여 및 다양한 의견 수렴을 통하여 이루어져야 한다.

제3장 물관리위원회

제20조(국가물관리위원회 및 유역물관리위원회의 설치 등) ① 물관리에 관한 중요 사항을 심의·의결하기 위하여 대통령 소속으로 국가물관리위원회를 두고, 국가물관리위원회에 유역별로 유역물관리위원회를 둔다.

② 유역물관리위원회의 명칭·위치 및 관할 구역은 대통령령으로 정한다.

제21조(국가물관리위원회의 구성 등) ① 국가물관리위원회는 위원장 2명을 포함한 30명 이상 50명 이내의 위원으로 구성한다.

② 국가물관리위원회의 위원장은 국무총리와 제3항제3호가목 또는 나목에 해당하는 위원 중에서 대통령이 임명하는 사람으로 한다.

③ 국가물관리위원회의 위원은 다음 각 호에 해당하는 사람으로 한다. 이 경우 공무원이 아닌 위원이 전체위원의 과반수가 되어야 한다.

1. 기획재정부장관·행정안전부장관·농림축산식품부장관·산업통상자원부장관·환경부장관·국토교통부장관·해양수산부장관·국무조정실장, 각 유역물관리위원회 위원장 및 그 밖에 대통령령으로 정하는 공무원

2. 「공공기관의 운영에 관한 법률」에 따른 공공기관으로서 대통령령으로 정하는 공공기관의 장

3. 다음 각 목의 사람 중에서 대통령이 위촉하는 사람

가. 대학이나 공인된 연구기관에서 물관리 분야의 부교수 이상 또는 이에 상당하는 직에 10년 이상 재직한 사람

나. 물 관련 단체나 기관에서 10년 이상 종사한 사람

다. 법관, 검사 또는 변호사로 10년 이상 재직한 사람

라. 그 밖에 사회적 신망이 높고 물관리 분야에 학식과 경험이 풍부한 사람

④ 위원장 모두가 부득이한 사유로 직무를 수행할 수 없는 경우에

는 국무총리인 위원장이 미리 정한 위원이 위원장의 직무를 대행한다.

⑤ 이 법에서 정한 것 외에 국가물관리위원회의 구성 등에 필요한 사항은 대통령령으로 정한다.

제22조(국가물관리위원회의 기능) 국가물관리위원회는 다음 각 호의 사항을 심의·의결한다.

1. 제27조에 따른 국가물관리기본계획의 수립 및 변경
2. 제29조에 따른 유역물관리종합계획의 국가물관리기본계획과의 부합 여부
3. 수계별 유역 범위의 지정
4. 물의 적정배분을 위한 유역 간 물 이동
5. 관계 중앙행정기관이 제출한 물관리 관련 계획의 국가물관리기본계획과의 부합 여부
6. 제32조에 따른 다음 각 목의 물분쟁의 조정
   가. 중앙행정기관이나 광역지방자치단체를 당사자로 하는 물분쟁
   나. 둘 이상의 유역에 걸친 물분쟁
   다. 그 밖에 대통령령으로 정하는 물분쟁
7. 국가물관리기본계획의 이행상황 및 물관리 전반에 대한 평가
8. 물관리와 관련하여 국가물관리위원회 위원장이 회의에 부치는 사항
9. 그 밖에 이 법 또는 다른 법률에 따라 국가물관리위원회가 심의·의결하는 사항

제23조(유역물관리위원회의 구성) ① 유역물관리위원회는 위원장 2명을 포함한 30명 이상 50명 이내의 위원으로 구성한다.

② 유역물관리위원회의 위원장은 환경부장관과 제3항제3호가목 또는 나목에 해당하는 위원 중에서 국가물관리위원회 위원장의 공동 추천으로 대통령이 임명하는 사람으로 한다.

③ 유역물관리위원회의 위원은 다음 각 호에 해당하는 사람이 된다. 이 경우 공무원이 아닌 위원이 전체위원의 과반수가 되어야 한다.

1. 해당 유역 관계 시·도지사와 물관리 업무의 경험이 있는 대통령령으로 정하는 공무원

2. 「공공기관의 운영에 관한 법률」에 따른 공공기관으로서 대통령령으로 정하는 기관의 장이 추천하는 임직원 각 1명

3. 다음 각 목의 어느 하나에 해당하는 사람 중에서 해당 유역 관계 시·도지사가 추천하여 국가물관리위원회 위원장이 공동으로 위촉하는 사람

가. 대학이나 공인된 연구기관에서 물관리 분야의 부교수 이상 또는 이에 상당하는 직에 10년 이상 재직한 사람

나. 물 관련 단체나 기관에서 10년 이상 종사한 사람

다. 법관, 검사 또는 변호사로 10년 이상 재직한 사람

라. 그 밖에 해당 유역의 주민으로서 사회적 신망이 높고 물관리 분야에 경험이 풍부한 사람

④ 위원장 모두가 부득이한 사유로 직무를 수행할 수 없는 경우에는 환경부장관인 위원장이 미리 정한 위원이 위원장의 직무를 대행한다.

⑤ 이 법에서 정한 것 외에 유역물관리위원회의 구성 등에 필요한 사항은 대통령령으로 정한다.

제24조(유역물관리위원회의 기능) 유역물관리위원회는 다음 각 호의 사항을 심의 · 의결한다.

1. 제28조에 따른 유역물관리종합계획의 수립 및 변경

2. 제30조에 따라 지방자치단체의 장이 제출한 유역 내 물관리 관련 계획의 해당 유역계획과의 부합 여부

3. 물의 적정배분을 위한 유역 내 물 이동

4. 제32조에 따른 유역 내에서 발생한 물분쟁 조정(제22조제6호 각 목에 해당하는 사항은 제외한다)

5. 유역 내의 물관리와 관련하여 유역물관리위원회 위원장이 회의에 부치는 사항

6. 그 밖에 이 법 또는 다른 법률에 따라 유역물관리위원회가 심의 · 의결하는 사항

제25조(위원의 임기 등) ① 국가물관리위원회와 유역물관리위원회(이하 "물관리위원회"라 한다)의 위원 중 제21조제3항제3호 및 제23조제3항제3호에 해당하는 위원의 임기는 3년으로 하되, 한 차례에 한정하여 연임할 수 있다.

② 물관리위원회에 간사 1명을 두되, 제21조제3항제3호 및 제23조제3항제3호에 해당되는 위원 중에서 위원장이 협의하여 지명하는 사람으로 한다.

제26조(물관리위원회의 회의 등) ① 물관리위원회의 위원장은 위원회의 회의를 소집하고 그 의장이 된다.

② 위원회의 회의는 정기회의와 임시회의로 구분하며, 임시회의는 위원장이 필요하다고 인정하는 경우 또는 재적위원 4분의 1 이상의

소집요구가 있을 경우에 위원장이 소집한다.

③ 위원회의 회의는 위원 과반수의 출석으로 개의하고, 출석위원 과반수의 찬성으로 의결한다. 다만, 대통령령으로 정하는 경우에는 서면으로 심의 · 의결할 수 있다.

④ 물관리위원회의 효율적인 운영을 위하여 분과위원회를 둘 수 있다.

⑤ 국가물관리위원회에는 사무국을 둔다.

⑥ 물관리위원회의 운영, 분과위원회의 구성과 운영, 사무국의 조직 등에 필요한 사항은 대통령령으로 정한다.

제4장 국가물관리기본계획 등

제27조(국가물관리기본계획의 수립 등) ① 환경부장관은 10년마다 관계 중앙행정기관의 장 및 유역물관리위원회의 위원장과 협의하고 국가물관리위원회의 심의를 거쳐 다음 각 호의 사항을 포함한 국가물관리기본계획(이하 "국가계획"이라 한다)을 수립하여야 한다.

1. 국가 물관리 정책의 기본목표 및 추진방향
2. 국가 물관리 정책의 성과평가 및 물관리 여건의 변화 및 전망
3. 물환경 보전 및 관리, 복원에 관한 사항
4. 물의 공급 · 이용 · 배분과 수자원의 개발 · 보전 및 중장기 수급 전망
5. 가뭄 · 홍수 등으로 인하여 발생하는 재해의 경감 및 예방에 관한 사항
6. 기후변화에 따른 물관리 취약성 대응 방안

7. 물분쟁 조정 및 수자원 사용의 합리적 비용 분담 원칙·기준

8. 물관리 예산의 중·장기 투자 방향에 관한 사항

9. 물산업의 육성과 경쟁력 강화

10. 유역물관리종합계획의 기본 방침

11. 그 밖에 지속가능한 물관리를 위하여 대통령령으로 정하는 사항

② 환경부장관은 국가계획을 수립한 날부터 5년마다 타당성을 검토하고 그 결과를 반영하여 국가계획을 변경하여야 한다. 이 경우 국가물관리위원회의 심의를 받아야 한다.

③ 관계 중앙행정기관의 장은 국가계획에 맞추어 대통령령으로 정하는 물관리 관련 계획을 수립하거나 변경하여야 하며, 물관리 관련 계획을 수립하거나 변경하려는 때에는 국가계획과의 부합 여부에 관하여 국가물관리위원회의 심의를 받아야 한다. 다만, 국가물관리위원회는 관계 중앙행정기관의 장이 수립하는 물관리 관련 계획 중 유역에 해당하는 사항을 유역물관리위원회에서 심의하게 할 수 있다.

④ 국가물관리위원회는 관계 중앙행정기관의 장이 제출한 물관리 관련 계획에 대하여 국가계획과의 부합 여부를 심의하여 필요한 경우 그 계획의 조정을 요구할 수 있다. 이 경우 관계 중앙행정기관의 장은 특별한 사유가 없으면 이에 따라야 한다.

⑤ 제1항에 따른 국가계획의 수립절차 등은 대통령령으로 정한다.

제28조(유역물관리종합계획의 수립) ① 유역물관리위원회 위원장은 제27조제1항에 따른 국가계획을 기초로 10년마다 관계 중앙행정기관의 장 및 지방자치단체의 장과 협의하고 국가물관리위원회와 유역

물관리위원회의 심의를 거쳐 다음 각 호에 관한 사항을 포함한 유역물관리종합계획(이하 "유역계획"이라 한다)을 수립하여야 한다.

1. 유역의 물관련 여건의 변화 및 전망
2. 유역 수자원의 개발·보전·다변화와 물의 공급·이용·배분
3. 유역의 가뭄·홍수 등으로 인하여 발생하는 재해의 경감 및 예방에 관한 사항
4. 유역의 물환경 보전 및 관리, 복원에 관한 사항
5. 기후변화에 따른 유역 물관리 취약성 대응 방안
6. 유역 물관리 비용의 추계와 재원조달 방안
7. 지역주민을 포함한 이해당사자의 참여 및 물문화 창달
8. 그 밖에 유역의 지속가능한 물관리를 위하여 대통령령으로 정하는 사항

② 유역물관리위원회 위원장은 유역계획을 수립한 날부터 5년마다 타당성을 검토하여 그 결과를 유역계획에 반영하여야 한다.

③ 제1항에 따른 유역계획의 수립절차 등은 대통령령으로 정한다.

제29조(유역계획의 심의와 조정) ① 국가물관리위원회는 유역물관리위원회 위원장이 제출한 유역계획에 대하여 국가계획과의 부합 여부를 심의하여 필요한 경우 그 계획의 조정을 요구할 수 있다.

② 제1항에 따라 유역계획의 조정을 요구받은 유역물관리위원회 위원장은 특별한 사유가 없으면 이를 반영하여야 한다.

제30조(유역계획의 적용) ① 지방자치단체의 장은 해당 유역계획에 맞추어 대통령령으로 정하는 물관리 관련 계획을 수립하거나 변경하여야 하며, 물관리 관련 계획을 수립하거나 변경하려는 때에는 유역계획과

의 부합 여부에 관하여 유역물관리위원회의 심의를 받아야 한다.

② 유역물관리위원회는 지방자치단체의 장이 제출한 물관리 관련 계획에 대하여 해당 유역계획과의 부합 여부를 심의하여 필요한 경우 그 계획의 조정을 요구할 수 있다. 이 경우 지방자치단체의 장은 특별한 사유가 없으면 이에 따라야 한다.

③ 유역물관리위원회는 제27조제3항 단서에 따라 관계 중앙행정기관의 장이 수립하는 물관리 관련 계획을 심의한 결과, 해당 유역계획에 부합하지 아니하다고 판단되는 경우에는 관계 중앙행정기관의 장에게 그 계획의 조정을 요구할 수 있다. 이 경우 관계 중앙행정기관의 장은 특별한 사유가 없으면 이에 따라야 한다.

제31조(공청회의 개최) ① 물관리위원회 위원장은 국가계획 또는 유역계획을 수립하거나 변경하려는 경우 미리 공청회를 열어 일반 국민 또는 해당 유역의 주민과 관계 전문가 등으로부터 의견을 들어야 하며, 공청회에서 제시된 의견이 타당하다고 인정되는 경우에는 이를 반영하여야 한다. 다만, 대통령령으로 정하는 경미한 사항을 변경하는 경우에는 공청회를 개최하지 아니할 수 있다.

② 제1항에 따른 공청회의 개최 등에 필요한 사항은 대통령령으로 정한다.

제5장 물분쟁의 조정 등

제32조(물분쟁의 조정) ① 수자원의 개발·이용 및 관리 등에 관하여 의견이 달라 다툼(이하 "물분쟁"이라 한다)이 생기면 다른 법률의 규정에도 불구하고 이해관계가 있는 자(이하 "당사자"라 한다)는

대통령령으로 정하는 바에 따라 물관리위원회에 물분쟁의 조정을 신청할 수 있다. 〈개정 2020. 5. 26.〉

② 당사자가 물분쟁 조정을 신청하는 경우 제22조제6호에 해당하는 사항은 국가물관리위원회에, 제24조제4호에 해당하는 사항은 유역물관리위원회에 하여야 한다. 〈개정 2020. 5. 26.〉

③ 물관리위원회는 대통령령으로 정하는 바에 따라 공익에 중대한 피해를 일으키는 물분쟁에 대하여는 당사자의 신청이 없는 경우에도 직권으로 조정절차를 시작할 수 있다. 〈개정 2020. 5. 26.〉

④ 물관리위원회는 제1항에 따라 조정신청을 받은 때에는 지체 없이 그 신청내용을 상대방에게 알려야 한다.

⑤ 제3항에 따라 물관리위원회가 물분쟁을 조정하는 경우에는 그 취지를 미리 당사자에게 알려야 한다.

⑥ 물관리위원회는 물분쟁의 성질상 물관리위원회에서 조정하는 것이 적합하지 아니하다고 인정되거나 부정한 목적으로 조정을 신청한 것으로 인정되는 때에는 조정을 하지 아니할 수 있다. 이 경우 조정을 하지 아니하는 사유 등을 당사자에게 알려야 한다.

⑦ 물관리위원회는 제1항에 따라 물분쟁조정 신청을 받거나 제3항에 따라 직권으로 조정절차를 시작한 경우 당사자에게 그 내용을 제시하고 조정 전 합의를 권고할 수 있다.

제33조(조정의 처리) ① 물관리위원회는 제32조제1항에 따라 신청을 받은 날(제32조제5항의 경우에는 당사자에게 알린 날을 말한다)부터 90일 이내에 심사하여 조정안을 작성하고 지체 없이 당사자에게 이를 제시하여야 한다. 다만, 부득이한 사정이 있는 경우 해당

물관리위원회의 의결로 60일의 범위에서 그 기간을 연장할 수 있으며 기간이 연장되었을 경우 그 사유를 당사자에게 알려야 한다.

② 물관리위원회는 당사자 중 어느 한쪽이 소송을 제기한 때에는 그 조정의 처리를 중지하고 이를 당사자에게 알려야 한다.

③ 제1항에 따라 조정안을 제시받은 당사자는 제시받은 날부터 30일 이내에 그 수락 여부를 해당 물관리위원회에 통보하여야 한다. 이 경우 30일 이내에 의사표시가 없는 때에는 수락한 것으로 본다.

④ 당사자가 조정안을 수락한 때에는 물관리위원회는 즉시 조정조서를 작성하고, 물관리위원회 위원장 및 각 당사자가 조정 조서에 서명 또는 기명날인하여야 한다. 다만, 제3항 후단에 따라 수락한 것으로 보는 경우에는 각 당사자의 서명 또는 기명날인을 생략할 수 있다.

⑤ 그 밖에 물분쟁의 조정방법, 조정절차, 조정업무의 처리 및 조정위원의 제척·기피·회피 등에 필요한 사항은 대통령령으로 정한다.

제34조(자료의 요청 등) ① 물관리위원회는 제32조제1항에 따라 조정 신청을 받거나 제32조제3항에 따라 직권으로 조정절차를 시작한 경우 해당 물분쟁의 조정을 위하여 필요한 자료를 당사자에게 요청할 수 있다. 이 경우 당사자는 정당한 사유가 없으면 요청에 따라야 한다.

② 물관리위원회는 필요하다고 인정하면 당사자나 참고인을 위원회에 출석하도록 하여 의견을 들을 수 있다.

③ 물관리위원회는 물분쟁의 조정을 위하여 필요하다고 인정하면 관계 행정기관의 장에게 자료 또는 의견의 제출, 기술적 지식의 제공 등 필요한 협조를 요청할 수 있다. 이 경우 관계 행정기관의 장은 정당한 사유가 없으면 협조 요청에 따라야 한다.

제6장 물문화 육성 및 국제협력 등

제35조(물문화 육성 등) ① 국가와 지방자치단체는 물순환 및 물관리 등 물에 관한 국민의 이해증진 및 지식 보급 등을 포함한 물문화의 육성을 위하여 학교 교육과 사회 교육의 추진, 보급 및 계발 등 필요한 조치를 강구하여야 한다.

② 국가 및 지방자치단체는 물에 관한 국내 및 국외의 관심을 높이기 위하여 물의 날, 물 주간(週間) 및 그 취지에 어울리는 관련 사업을 실시하거나 단체 등의 활동을 지원할 수 있다.

제36조(물관리 국제협력의 추진) 국가와 지방자치단체는 효율적인 물관리를 위하여 외국 및 국제기구 등과 기술협력, 정보교환, 공동조사·연구 등을 추진하기 위한 시책을 수립하고 시행하여야 한다.

제36조의2(유네스코 물안보국제연구교육센터의 설립 등) ①「국제연합교육과학문화기구(유네스코) 후원 물 안보 및 지속가능 수자원 관리 국제센터(카테고리 2) 설립에 관한 대한민국 정부와 유네스코 간의 협정」의 이행을 장려하고, 세계 물 안보 및 지속가능한 물 관리를 증진하기 위하여 유네스코 물안보국제연구교육센터(이하 "물안보국제연구교육센터"라 한다)를 설립한다.

② 물안보국제연구교육센터는 법인으로 한다.

③ 물안보국제연구교육센터는 다음 각 호의 사업을 수행한다.

1. 세계 물 안보 및 지속가능한 물 관리에 관한 연구 및 콘텐츠 개발 사업

2. 세계 물 안보 및 지속가능한 물 관리에 관한 연구·교육 자료 및 그 밖의 출판물의 제작·보급 사업

3. 세계 물 안보 및 지속가능한 물 관리 증진을 위한 교육·훈련 및 역량강화 사업

4. 세계 물 안보 및 지속가능한 물 관리 증진을 위한 국내외 교류·협력 사업

5. 그 밖에 세계 물 안보 및 지속가능한 물 관리 증진을 위하여 필요한 사업

④ 물안보국제연구교육센터는 정관으로 정하는 바에 따라 임원과 필요한 직원을 둔다.

⑤ 물안보국제연구교육센터에 관하여 이 법에서 규정한 것 외에는 「민법」 중 재단법인에 관한 규정을 준용한다.

⑥ 국가 및 지방자치단체는 예산의 범위에서 물안보국제연구교육센터의 운영 및 사업수행에 필요한 경비를 지원할 수 있다.

[본조신설 2021. 1. 5.]

제37조(남북한 간 물관리 협력) 국가와 지방자치단체는 남북한 간 공유하는 물이 민족 공동의 자산임을 인식하고, 남북한 공유 하천의 공동관리를 포함하는 물관리 부문의 상호 교류 및 협력을 증진하기 위하여 노력하여야 한다.

제38조(물관리 협정) ① 물관리에 정당한 이해관계가 있는 중앙행정

기관과 지방자치단체 간 또는 지방자치단체 상호 간에는 물의 이용·배분, 물환경의 보전·관리, 가뭄·홍수로 인한 재해의 예방을 목적으로 하는 물관리 협정을 체결할 수 있다. 이 경우 협정의 대상이 된 물관리 관련 지역주민단체, 사업자 및 단체 등을 물관리 협정의 체결대상에 포함시킬 수 있다.

② 제1항에 따른 물관리 협정의 체결 방법·내용·절차 및 그 이행방안 등에 필요한 사항은 대통령령으로 정한다.

제39조(조사연구와 기술개발에 관한 지원 등) 국가와 지방자치단체는 물에 관한 조사·연구 및 기술개발의 지원과 물관리 전문인력의 양성을 위하여 필요한 사업을 할 수 있다.

제40조(민간참여의 활성화) 국가와 지방자치단체는 물이용자와 지역주민 또는 민간단체가 자발적으로 추진하는 물환경 보전활동과 건강한 물순환 유지를 위한 활동을 활성화하고 지원하기 위하여 필요한 조치를 강구하여야 한다.

제41조(물관리 자료의 정보화 등) ① 국가와 지방자치단체는 물관리에 필요한 각종 자료와 정보를 효율적으로 활용하도록 물관리 자료의 정보화를 위하여 노력하여야 한다.

② 국가와 지방자치단체는 물관리 자료와 정보를 체계적으로 통합·관리하여 누구나 효율적으로 활용할 수 있도록 투명하게 제공하여야 한다.

제42조(업무의 위임·위탁) ① 환경부장관 또는 유역물관리위원회 위원장은 필요하다고 인정하면 제27조 및 제28조에 따른 해당 업무의 일부를 대통령령으로 정하는 자에게 위임하거나 위탁할 수 있다.

② 중앙행정기관의 장과 지방자치단체의 장은 제35조부터 제41조까지의 업무 중 일부를 대통령령으로 정하는 자에게 위임하거나 위탁할 수 있다.

제43조(단체의 설립) ① 대통령령으로 정하는 바에 따라 물과 관련한 연구 및 업무에 종사하는 자는 물에 관한 조사연구·기술개발·교육·홍보, 물 분야의 국제적인 협력 등을 위하여 관계 중앙행정기관의 장의 인가를 받아 단체를 설립할 수 있다.

② 제1항에 따른 단체는 법인으로 한다.

③ 제1항에 따른 단체의 정관·운영·감독 등에 필요한 사항은 대통령령으로 정한다.

④ 제1항에 따른 단체에 관하여 이 법에 규정된 것을 제외하고는 「민법」 중 사단법인에 관한 규정을 준용한다.

제44조(재정지원) 국가와 지방자치단체는 다음 각 호의 어느 하나에 해당하는 업무를 수행하는 자에 대하여 해당 사업에 드는 비용의 전부 또는 일부를 보조할 수 있다.

1. 물문화 육성
2. 물관리 국제협력
3. 북한의 수자원 조사·연구 등
4. 물관리에 관한 조사·연구와 기술개발
5. 물관리 전문인력의 양성
6. 물관리 자료의 표준화·정보화
7. 물관리에 관한 교육·홍보
8. 물과 관련한 기술의 수출

제45조(벌칙 적용에서 공무원 의제) 물관리위원회의 위원 중 공무원이 아닌 위원은 「형법」이나 그 밖의 법률에 따른 벌칙을 적용할 때에는 공무원으로 본다.

부칙 〈제15653호, 2018. 6. 12.〉

제1조(시행일) 이 법은 공포 후 1년이 경과한 날부터 시행한다.

제2조(국가계획 및 유역계획 수립에 관한 적용례) ① 제27조제1항에 따른 국가계획은 이 법 시행일부터 2년 이내에 수립한다.

② 제28조제1항에 따른 유역계획은 제1항의 국가계획 수립 후 1년 이내에 수립한다.

부칙 〈제17326호, 2020. 5. 26.〉 (법률용어 정비를 위한 환경노동위원회 소관 65개 법률 일부개정을 위한 법률)

이 법은 공포한 날부터 시행한다. 〈단서 생략〉

부칙 〈제17841호, 2021. 1. 5.〉

제1조(시행일) 이 법은 공포 후 6개월이 경과한 날부터 시행한다.

제2조(물안보국제연구교육센터에 관한 경과조치) ① 이 법 시행 당시 「민법」 제32조에 따라 설립된 재단법인 유네스코 물 안보 및 지속가능 물 관리 국제연구교육센터(이하 이 조에서 "재단법인 물안보국제연구교육센터"라 한다)가 그 지위의 승계에 관하여 이사회의 의결을 거쳐 환경부장관의 허가를 받고 설립등기를 한 경우에는 제36조의2의 개정규정에 따라 설립된 물안보국제연구교육센터로 본다.

이 경우 재단법인 물안보국제연구교육센터는 「민법」 중 법인의 해산 및 청산에 관한 규정에도 불구하고 해산된 것으로 본다.

② 제1항의 경우 재단법인 물안보국제연구교육센터의 재산과 권리·의무는 물안보국제연구교육센터의 재산과 권리·의무로 본다.

③ 제1항의 경우 이 법 시행 전에 재단법인 물안보국제연구교육센터가 행한 행위는 물안보국제연구교육센터가 행한 행위로, 재단법인 물안보국제연구교육센터에 대하여 행한 행위는 물안보국제연구교육센터에 대하여 행한 행위로 본다.

④ 제1항의 경우 이 법 시행 당시 재단법인 물안보국제연구교육센터의 임직원은 물안보국제연구교육센터의 임직원으로 선임 또는 임명된 것으로 본다. 이 경우 임원의 임기는 재단법인 물안보국제연구교육센터 정관에 따른 임기의 남은 기간으로 한다.

물관리기본법 시행령

[시행 2024. 12. 27.] [대통령령 제35089호, 2024. 12. 24., 타법개정]

**개정 예정 법률 밑줄 별도 표시.

물관리기본법 시행령

[시행 2024. 12. 27.] [대통령령 제35089호, 2024. 12. 24., 타법개정]

제1조(목적) 이 영은 「물관리기본법」에서 위임된 사항과 그 시행에 필요한 사항을 규정함을 목적으로 한다.

제2조(유역물관리위원회의 명칭 등) 「물관리기본법」(이하 "법"이라 한다) 제20조제1항에 따른 유역물관리위원회(이하 "유역물관리위원회"라 한다)의 명칭 · 위치 및 관할 구역은 별표와 같다.

제3조(국가물관리위원회의 구성) ① 법 제21조제3항제1호에서 "대통령령으로 정하는 공무원"이란 다음 각 호의 사람을 말한다.

1. 산림청장
2. 기상청장

② 법 제21조제3항제2호에서 "대통령령으로 정하는 공공기관"이란 다음 각 호의 공공기관을 말한다.

1. 「한국농어촌공사 및 농지관리기금법」에 따른 한국농어촌공사(이하 "한국농어촌공사"라 한다)
2. 「한국수자원공사법」에 따른 한국수자원공사(이하 "한국수자원공사"라 한다)
3. 「한국환경공단법」에 따른 한국환경공단(이하 "한국환경공단"이라 한다)

4. 한국수력원자력주식회사

③ 대통령은 법 제21조제3항제3호 각 목의 위원을 위촉할 때에는 성별을 고려해야 한다.

제4조(국가물관리위원회 위원의 해촉) 대통령은 법 제21조제3항제3호 각 목의 위원이 다음 각 호의 어느 하나에 해당하는 경우에는 해당 위원을 해촉(解囑)할 수 있다.

1. 심신장애로 인하여 직무를 수행할 수 없게 된 경우

2. 직무와 관련된 비위 사실이 있는 경우

3. 직무태만, 품위손상이나 그 밖의 사유로 위원으로 적합하지 않다고 인정되는 경우

4. 제5조제1항 각 호의 어느 하나에 해당하는데도 불구하고 회피(回避)하지 않은 경우

제5조(국가물관리위원회 위원의 제척 · 기피 · 회피) ① 법 제20조제1항에 따른 국가물관리위원회(이하 "국가물관리위원회"라 한다) 위원(이하 이 조에서 "위원"이라 한다)이 다음 각 호의 어느 하나에 해당하는 경우에는 국가물관리위원회의 심의 · 의결에서 제척(除斥)된다.

1. 위원이나 그 배우자 또는 배우자였던 사람이 해당 안건의 당사자(이하 이 조에서 "안건당사자"라 한다)이거나 안건당사자와 공동권리자 또는 공동의무자인 경우

2. 위원이 안건당사자와 친족이거나 친족이었던 경우

3. 위원이 해당 안건에 대하여 증언, 진술, 자문, 연구, 용역(하도급을 포함한다) 또는 감정을 한 경우

4. 위원이나 위원이 속한 법인이 안건당사자의 대리인이거나 대리

인이었던 경우

5. 수자원의 개발·이용 및 관리 등에 관하여 의견이 달라 생긴 다툼(이하 "물분쟁"이라 한다)의 원인이 된 처분 또는 부작위(不作爲)에 위원이 관여한 경우(법 제22조제6호에 따른 사항을 심의·의결하는 경우만 해당한다)

② 안건당사자는 위원에게 공정한 심의·의결을 기대하기 어려운 사정이 있는 경우에는 국가물관리위원회에 기피 신청을 할 수 있고, 국가물관리위원회는 의결로 기피 여부를 결정한다. 이 경우 기피 신청의 대상인 위원은 그 의결에 참여할 수 없다.

③ 위원이 제1항 각 호에 따른 제척 사유에 해당하는 경우에는 스스로 해당 안건의 심의·의결에서 회피해야 한다.

제6조(국가물관리위원회가 조정하는 물분쟁) 법 제22조제6호다목에서 "대통령령으로 정하는 물분쟁"이란 다음 각 호의 물분쟁을 말한다.

1. 유역 내에서 발생한 물분쟁 중 국가물관리위원회 위원장이 공익에 중대한 영향을 미칠 수 있다고 인정하는 물분쟁

2. 법 제38조제1항 전단에 따른 물관리 협정(이하 "물관리 협정"이라 한다)의 내용과 관련된 물분쟁

제7조(유역물관리위원회의 구성) ① 법 제23조제3항제1호에서 "대통령령으로 정하는 공무원"이란 다음 각 호의 사람을 말한다.

1. 각 유역물관리위원회의 관할 구역을 담당하는 유역환경청장 및 지방환경청장

2. 각 유역물관리위원회의 관할 구역을 담당하는 홍수통제소장

3. 각 유역물관리위원회의 관할 구역을 담당하는 물환경연구소장

4. 삭제 〈2021. 12. 28.〉

5. 각 유역물관리위원회의 관할 구역의 농업용수 관리 업무 경험이 있는 농림축산식품부 소속 공무원 중 농림축산식품부장관이 추천하는 사람 1명

6. 각 유역물관리위원회의 관할 구역을 담당하는 지방산림청장 중 산림청장이 추천하는 사람 1명

7. 각 유역물관리위원회의 관할 구역을 담당하는 지방기상청장 중 기상청장이 추천하는 사람 1명

② 법 제23조제3항제2호에서 "대통령령으로 정하는 기관"이란 제3조제2항제1호부터 제3호까지의 규정에 따른 기관(별표에 따른 한강유역물관리위원회 및 영산강·섬진강유역물관리위원회의 경우에는 같은 항 제1호부터 제4호까지의 규정에 따른 기관)을 말한다.

③ 국가물관리위원회 위원장은 법 제23조제3항제3호 각 목의 위원을 위촉할 때에는 성별을 고려해야 한다.

제8조(유역물관리위원회 위원의 해촉 등) 유역물관리위원회 위원의 해촉 및 제척·기피·회피에 관하여는 제4조 및 제5조를 준용한다. 이 경우 "대통령"은 "국가물관리위원회 위원장"으로, "국가물관리위원회"는 "유역물관리위원회"로, "법 제22조제6호에 따른 사항"은 "법 제24조제4호에 따른 사항"으로 본다.

제9조(물관리위원회의 운영) ① 국가물관리위원회 및 유역물관리위원회(이하 "물관리위원회"라 한다)의 정기 회의는 분기별 1회 개최하는 것을 원칙으로 한다.

② 물관리위원회 위원장은 회의를 소집하려는 경우에는 회의의 일

시 · 장소 및 심의 안건을 정하여 회의 개최일 7일 전까지 각 위원에게 통지해야 한다. 다만, 긴급한 사유나 그 밖의 부득이한 사유가 있는 경우에는 회의 개최일 전날까지 통지할 수 있다.

③ 법 제26조제3항 단서에서 "대통령령으로 정하는 경우"란 다음 각 호의 어느 하나에 해당하는 경우를 말한다.

1. 긴급한 사유로 회의를 개최할 시간적 여유가 없는 경우

2. 천재지변이나 그 밖의 부득이한 사유로 위원의 출석에 의한 의사정족수를 채우기 어려운 경우 등 물관리위원회 위원장이 특별히 필요하다고 인정하는 경우

④ 물관리위원회는 회의를 개최한 경우에는 심의의 일시 · 장소 · 안건 · 내용 · 결과 등이 포함된 회의록을 작성 · 관리해야 한다.

⑤ 물관리위원회는 직무를 수행하기 위하여 필요하다고 인정하는 경우에는 관계 중앙행정기관의 장, 연구기관, 단체 등에 서면으로 자료 또는 의견의 제출 등을 요청할 수 있으며, 관계 공무원 또는 전문가를 참석하게 하여 의견을 들을 수 있다.

⑥ 물관리위원회의 회의에 출석한 위원 및 전문가 등에게는 예산의 범위에서 수당과 여비를 지급할 수 있다. 다만, 공무원이 소관 업무와 직접적으로 관련되어 출석하는 경우는 제외한다.

⑦ 간사인 위원에 대해서는 제6항 본문에 따른 수당과 여비 외에 그 직무를 수행하는 데 필요한 경비를 지급할 수 있다.

제10조(분과위원회의 구성과 운영 등) ① 법 제26조제4항에 따라 물관리위원회에 계획 관련 분야, 정책 관련 분야, 물분쟁 조정 분야 및 그 밖의 분야로 구분하여 분야별 분과위원회(이하 "분과위원회"

라 한다)를 둔다. 〈개정 2022. 7. 19.〉

② 분과위원회는 소관 사항에 대하여 다음 각 호의 업무를 수행한다.

1. 물관리위원회의 심의 사항에 관한 사전 검토

2. 전문적인 조사·연구 업무

3. 그 밖에 물관리위원회로부터 위임받은 사항의 처리

③ 분과위원회는 위원장 1명을 포함하여 15명 이내의 위원으로 구성한다.

④ 분과위원회의 위원은 물관리위원회의 위원 중에서 물관리위원회 위원장이 지명한다. 이 경우 각 분과위원회의 위원은 다른 분과위원회의 위원을 겸임할 수 있다.

⑤ 분과위원회 위원장은 분과위원회 위원 중에서 호선(互選)한다. 다만, 분과위원회 중 물분쟁 조정 분과위원회 위원장은 법 제21조제3항제3호다목 및 제23조제3항제3호다목의 위원 중에서 물관리위원회 위원장이 지명한다.

⑥ 분과위원회의 회의는 분과위원회 재적위원 과반수의 출석으로 개의하고, 출석위원 과반수의 찬성으로 의결한다.

⑦ 분과위원회의 자료 또는 의견의 제출, 출석 요청 및 출석 수당과 여비의 지급에 관하여는 제9조제5항 및 제6항을 준용한다. 이 경우 "물관리위원회"는 "분과위원회"로 본다.

제11조(사무국의 조직 등) ① 법 제26조제5항에 따른 사무국(이하 "사무국"이라 한다)은 다음 각 호의 업무를 수행한다.

1. 물관리위원회의 운영 지원

2. 물관리위원회 및 분과위원회 심의 안건의 작성·검토 및 협의·조정 지원

3. 물관리위원회의 기능과 관련된 전문적인 조사·연구

4. 물관리위원회 활동의 홍보 및 대외 협력

5. 그 밖에 물관리위원회의 업무 수행을 지원하기 위하여 국가물관리위원회 위원장이 필요하다고 인정하는 업무

② 사무국에 사무국장 1명을 둔다.

③ 사무국장은 국가물관리위원회 위원장의 명을 받아 사무국의 사무를 처리하고, 소속 직원을 지휘·감독한다.

④ 국가물관리위원회 위원장은 사무국의 업무 수행을 위하여 필요한 경우에는 관계 행정기관 및 지방자치단체 소속 공무원과 제3조제2항 각 호에 따른 공공기관 및 제25조제1항제1호부터 제3호까지의 규정에 따른 기관 소속 임직원의 파견을 요청할 수 있다.

제12조(운영규정) 제3조부터 제11조까지에서 규정한 사항 외에 물관리위원회, 분과위원회 및 사무국의 구성 및 운영에 필요한 사항은 국가물관리위원회의 의결을 거쳐 물관리위원회 운영규정으로 정한다.

제13조(국가물관리기본계획의 수립 등) ① 법 제27조제1항제11호에서 "대통령령으로 정하는 사항"이란 다음 각 호의 사항을 말한다.

1. 물관리 국제협력에 관한 사항

2. 남북한 간 물관리 협력에 관한 사항

3. 물관리 관련 조사연구 및 기술개발 지원에 관한 사항

4. 법 제27조제1항에 따른 국가물관리기본계획(이하 "국가계획"이

라 한다)의 연도별 이행 상황 평가에 관한 사항

② 환경부장관은 국가계획을 수립하거나 변경하기 위하여 필요하다고 인정하는 경우에는 관계 중앙행정기관의 장, 특별시장·광역시장·특별자치시장·도지사·특별자치도지사(이하 "시·도지사"라 한다) 또는 관계 기관·단체의 장에게 국가계획의 수립·변경에 필요한 자료의 제출을 요청할 수 있다.

③ 환경부장관은 국가계획을 수립하거나 변경한 경우에는 그 내용을 지체 없이 관계 중앙행정기관의 장 및 시·도지사에게 알리고, 관보에 게재하거나 환경부 인터넷 홈페이지 등을 통하여 공고해야 한다.

④ 법 제27조제3항 본문에서 "대통령령으로 정하는 물관리 관련 계획"이란 다음 각 호의 계획 및 대책을 말한다. 〈개정 2022. 6. 14., 2022. 7. 11.〉

1. 「금강수계 물관리 및 주민지원 등에 관한 법률」 제4조의2제1항에 따른 수변구역관리기본계획

2. 「낙동강수계 물관리 및 주민지원 등에 관한 법률」 제4조의2제1항에 따른 수변구역관리기본계획

3. 「농어촌정비법」 제15조제1항에 따른 농어촌용수 이용 합리화 계획

4. 「댐건설·관리 및 주변지역지원 등에 관한 법률」 제4조제1항에 따른 댐관리기본계획

5. 「물의 재이용 촉진 및 지원에 관한 법률」 제5조제1항에 따른 물 재이용 기본계획

6. 「물환경보전법」 제23조의2제1항에 따른 국가 물환경관리기본계획, 같은 법 제24조제1항에 따른 대권역 물환경관리계획, 같은 법 제27조의2제1항에 따라 환경부장관이 수립하는 수생태계 복원계획 및 같은 법 제53조의3제1항에 따른 비점오염원 관리 종합대책

7. 「사방사업법」 제3조의2제1항에 따른 사방사업 기본계획

8. 「수도법」 제4조제1항에 따른 국가수도기본계획 및 같은 법 제5조제1항에 따른 수도정비계획

9. 「수자원의 조사·계획 및 관리에 관한 법률」 제17조제1항에 따른 수자원장기종합계획 및 같은 법 제18조제1항에 따른 하천유역수자원관리계획

10. 「영산강·섬진강수계 물관리 및 주민지원 등에 관한 법률」 제4조의2제1항에 따른 수변구역관리기본계획

11. 「지하수법」 제6조제1항에 따른 지하수관리기본계획

12. 「친수구역 활용에 관한 특별법」 제4조제2항 본문에 따른 친수구역조성사업에 관한 계획

13. 「하수도법」 제4조제1항에 따른 국가하수도종합계획 및 같은 법 제4조의2제1항에 따른 유역하수도정비계획

14. 「한강수계 상수원수질개선 및 주민지원 등에 관한 법률」 제4조의2제1항에 따른 수변구역 관리기본계획

제13조의2(물관리 관련 계획의 부합성심의) ① 물관리위원회 위원장은 법 제27조제3항 본문에 따른 국가계획과의 부합 여부 또는 법 제30조제1항에 따른 유역계획과의 부합 여부에 관한 심의(이하 이 조에서 "부합성심의"라 한다)를 위해 필요한 경우에는 다음 각 호의

기관에 부합성심의를 위한 현지조사나 기술적·전문적 사항의 검토를 의뢰할 수 있다.

1. 「과학기술분야 정부출연연구기관 등의 설립·운영 및 육성에 관한 법률」에 따른 한국건설기술연구원

2. 「정부출연연구기관 등의 설립·운영 및 육성에 관한 법률」에 따른 한국환경연구원, 한국농촌경제연구원 또는 국토연구원

3. 국립재난안전연구원

4. 국립환경과학원

5. 한국농어촌공사

6. 한국수자원공사

7. 한국환경공단

8. 그 밖에 물관리 관련 업무에 전문성이 있다고 물관리위원회 위원장이 인정하는 기관

② 물관리위원회 위원장은 제1항에 따라 부합성심의를 위한 현지조사나 검토를 의뢰한 기관에 예산의 범위에서 필요한 경비를 지원할 수 있다.

[본조신설 2022. 7. 19.]

제14조(유역물관리종합계획의 수립 등) ① 법 제28조제1항제8호에서 "대통령령으로 정하는 사항"이란 다음 각 호의 사항을 말한다.

1. 유역 내 물산업의 진흥에 관한 사항

2. 법 제28조제1항에 따른 유역물관리종합계획(이하 "유역계획"이라 한다)의 연도별 이행 상황 평가에 관한 사항

② 유역계획의 수립절차에 관하여는 제13조제2항 및 제3항을 준

용한다. 이 경우 “환경부장관”은 “유역물관리위원회 위원장”으로, “국가계획”은 “유역계획”으로, “환경부 홈페이지”는 “물관리위원회 홈페이지”로 본다.

③ 법 제30조제1항에서 “대통령령으로 정하는 물관리 관련 계획”이란 다음 각 호의 계획을 말한다. 〈개정 2022. 7. 11.〉

1. 「가축분뇨의 관리 및 이용에 관한 법률」 제5조제1항 전단에 따른 가축분뇨관리기본계획

2. 「금강수계 물관리 및 주민지원 등에 관한 법률」 제10조제1항에 따른 오염총량관리기본계획

3. 「낙동강수계 물관리 및 주민지원 등에 관한 법률」 제10조제1항에 따른 오염총량관리기본계획

4. 「물관리기술 발전 및 물산업 진흥에 관한 법률」 제5조제3항에 따른 물관리기술 발전 및 물산업 진흥 시행계획

5. 「물의 재이용 촉진 및 지원에 관한 법률」 제6조제1항 전단에 따른 물 재이용 관리계획

6. 「물환경보전법」 제4조의3제1항에 따른 오염총량관리기본계획 및 같은 법 제27조의2제1항에 따라 시·도지사 또는 시장·군수·구청장(자치구의 구청장을 말한다)이 수립하는 수생태계 복원계획

7. 「사방사업법」 제3조의2제4항에 따른 지역사방사업계획

8. 「소하천정비법」 제6조제1항에 따른 소하천정비종합계획 및 같은 법 제7조제1항에 따른 소하천정비중기계획

9. 「수도법」 제5조제1항에 따른 수도정비계획, 같은 법 제6조제1항 전단에 따른 종합계획 및 같은 법 제8조의2제1항에 따른 상수원

보호구역에 대한 수질관리계획

10. 「수자원의 조사ㆍ계획 및 관리에 관한 법률」 제19조제1항에 따른 지역수자원관리계획

11. 「영산강ㆍ섬진강수계 물관리 및 주민지원 등에 관한 법률」 제10조제1항에 따른 오염총량관리기본계획

12. 「지하수법」 제6조의2제1항 본문에 따른 지역지하수관리계획

13. 「하수도법」 제5조제1항 전단 및 같은 조 제2항에 따른 하수도정비기본계획

14. 「한강수계 상수원수질개선 및 주민지원 등에 관한 법률」 제8조의2제1항에 따른 오염총량관리기본계획

제15조(공청회의 개최) ① 물관리위원회 위원장은 법 제31조제1항 본문에 따라 공청회를 개최하려는 경우에는 공청회 개최일 14일 전까지 다음 각 호의 사항을 관보 또는 공보에 게재하거나 물관리위원회의 인터넷 홈페이지 또는 일간신문에 공고하는 등의 방법으로 알려야 한다.

1. 개최 목적

2. 일시 및 장소

3. 국가계획의 안(案) 또는 유역계획의 안의 개요

4. 의견 제출에 관한 사항

5. 그 밖에 공청회 개최에 필요한 사항

② 국가계획의 안 또는 유역계획의 안에 관하여 의견이 있는 사람은 공청회에 참석하여 직접 의견을 진술하거나, 물관리위원회 위원장에게 서면 또는 정보통신망을 이용한 방법으로 의견을 제출할

수 있다.

③ 법 제31조제1항 단서에서 "대통령령으로 정하는 경미한 사항"이란 계산착오, 오기(誤記), 누락 등 국가계획 또는 유역계획의 본질적인 내용에 영향을 미치지 않는 사항을 말한다.

제16조(물분쟁 조정의 신청 등) ① 물분쟁과 관련하여 이해관계가 있는 자(이하 "당사자"라 한다) 중 물분쟁 조정을 신청하려는 자는 법 제32조제1항에 따라 다음 각 호의 사항이 포함된 신청서를 물관리위원회에 제출해야 한다.

1. 당사자, 선정대표자 및 대리인의 성명(법인인 경우에는 명칭을 말한다) 및 주소

2. 물분쟁 발생의 일시 및 장소

3. 물분쟁의 경과

4. 조정의 취지 및 이유

② 물관리위원회는 법 제32조제2항에 따른 관할에 속하지 않는 물분쟁 조정신청을 받은 경우에는 신청받은 날부터 14일 이내에 해당 물분쟁 조정신청 내용을 관할 물관리위원회에 이송하고, 그 사실을 신청인에게 지체 없이 서면으로 통지해야 한다. 이 경우 이송에 걸린 기간은 법 제33조제1항에 따른 기간을 산정할 때 제외한다. 〈신설 2022. 7. 19.〉

③ 물관리위원회 위원장은 물분쟁의 조정신청을 한 자(이하 "신청인"이라 한다)가 그 상대방(이하 "피신청인"이라 한다)의 동의를 받아 환경부령으로 정하는 바에 따라 서면으로 물분쟁 조정의 취지나 이유의 변경을 신청한 경우에는 해당 물분쟁 조정의 취지나 이유를

변경하여 진행할 수 있다. 〈개정 2022. 7. 19.〉

④ 제1항에 따른 조정신청 또는 제3항에 따른 조정의 취지 및 이유에 대한 변경신청을 받은 물관리위원회는 법 제32조제4항에 따라 신청서의 복사본을 첨부하여 피신청인에게 지체 없이 서면으로 통지해야 한다. 〈개정 2022. 7. 19.〉

⑤ 물관리위원회는 제1항에 따른 신청서류에 보완이 필요한 경우에는 적절한 기간을 정하여 그 보완을 요구할 수 있다. 이 경우 보완에 걸린 기간은 법 제33조제1항에 따른 조정기간을 산정할 때 제외한다. 〈개정 2022. 7. 19.〉

⑥ 물관리위원회는 필요하다고 인정되는 경우에는 관련되는 물분쟁 조정사건을 분리하거나 분쟁의 내용상 관련성이 인정되는 경우에는 병합하여 심의할 수 있다. 이 경우 그 사실을 당사자에게 지체 없이 서면으로 통지해야 한다. 〈개정 2022. 7. 19.〉

⑦ 법 제32조제3항에 따라 물관리위원회가 직권으로 조정절차를 시작할 수 있는 물분쟁은 다음 각 호와 같다. 〈개정 2022. 7. 19.〉

1. 사람이 사망하거나 신체에 중대한 장애가 발생하는 등 주민의 건강 및 생활환경에 직접적인 영향을 미치는 물분쟁

2. 사회적으로 갈등이 심하여 물관리위원회 위원장이 시급한 조정이 필요하다고 인정하는 물분쟁

⑧ 법 제32조제7항에 따른 물관리위원회의 합의 권고는 조정절차의 진행에 영향을 미치지 않는다. 〈개정 2022. 7. 19.〉

제17조(선정대표자) ① 여러 사람이 공동으로 물분쟁 조정의 당사자가 되는 경우에는 그 중에서 3명 이하의 대표자를 선정할 수 있다.

② 물관리위원회는 당사자들이 제1항에 따라 대표자를 선정하지 않은 경우에도 필요하다고 인정하면 당사자들에게 대표자를 선정할 것을 권고할 수 있다.

③ 당사자들은 제1항 또는 제2항에 따라 대표자를 선정한 경우에는 그 결과를 환경부령으로 정하는 바에 따라 물관리위원회에 통지해야 한다.

④ 제1항 또는 제2항에 따라 선정된 대표자(이하 "선정대표자"라 한다)는 다른 당사자들을 위하여 해당 물분쟁의 조정에 관한 모든 행위를 할 수 있다. 다만, 신청의 취지·이유 변경, 철회 및 조정안(調停案)의 수락에 대해서는 다른 당사자들로부터 서면으로 동의를 받아야 한다.

⑤ 대표자가 선정된 경우 다른 당사자들은 그 선정대표자를 통해서만 해당 물분쟁의 조정에 관한 행위를 할 수 있다.

⑥ 대표자를 선정한 당사자들은 필요하다고 인정하면 선정대표자를 해임하거나 변경할 수 있다. 이 경우 당사자들은 그 사실을 지체 없이 선정대표자에게 알리고 환경부령으로 정하는 바에 따라 물관리위원회에 통지해야 한다.

제18조(대리인) ① 당사자는 다음 각 호에 해당하는 사람을 대리인으로 선임할 수 있다.

1. 당사자의 배우자, 직계 존속·비속 또는 형제·자매
2. 당사자인 법인의 임직원
3. 변호사
4. 중앙행정기관의 장 또는 지방자치단체의 장이 지명하는 소속

공무원

② 대리인을 선임하려는 당사자는 환경부령으로 정하는 대리인 선임신청서에 대리인의 선임을 증명할 수 있는 서류를 첨부하여 물관리위원회에 제출해야 한다.

③ 제1항에 따라 선임된 대리인(이하 "대리인"이라 한다)은 신청의 취지·이유 변경, 철회 및 조정안의 수락에 대해서는 별도로 위임을 받아야 한다.

제19조(물분쟁 조정절차 등) ① 물관리위원회는 물분쟁 조정절차의 진행을 위하여 필요한 경우에는 해당 물분쟁의 내용과 사실관계 등을 제10조제1항에 따른 물분쟁 조정 분과위원회에서 사전에 검토하게 할 수 있다.

② 물관리위원회는 법 제33조제1항 본문에 따른 조정안을 환경부령으로 정하는 서식에 따라 작성해야 한다.

③ 물관리위원회는 법 제33조제4항 본문에 따른 조정 조서를 환경부령으로 정하는 서식에 따라 다음 각 호의 사항을 포함하여 작성해야 한다. 이 경우 물관리위원회는 조정 조서의 원본을 보관하고, 그 정본(正本)을 당사자(선정대표자를 선정한 경우에는 선정대표자를 말한다)에게 송달해야 한다.

1. 조정번호 및 조정대상 물분쟁의 제목

2. 당사자, 선정대표자 및 대리인의 성명(법인인 경우에는 명칭을 말한다) 및 주소

3. 신청의 취지 및 이유

4. 조정 내용

5. 작성일

④ 제3항 후단에 따른 조정 조서의 원본은 「전자문서 및 전자거래 기본법」 제5조에 따른 전자문서 또는 전자화문서로 보관할 수 있다. 〈신설 2024. 11. 12.〉

⑤ 물관리위원회가 수행하는 물분쟁 조정절차는 공개하지 않는다. 다만, 재적위원 과반수가 찬성한 경우에는 조정절차를 공개할 수 있다. 〈개정 2024. 11. 12.〉

⑥ 조정에 참여한 물관리위원회 위원은 물분쟁 조정절차 과정에서 직무상 알게 된 비밀을 누설해서는 안 된다. 〈개정 2024. 11. 12.〉

제20조(자료제출·출석의 요구 등) ① 물관리위원회는 법 제34조제1항에 따라 자료의 제출을 요구하거나 같은 조 제2항에 따라 당사자 또는 참고인의 출석을 요구하는 경우에는 환경부령으로 정하는 서식에 따라 해야 한다.

② 제1항에 따라 출석을 요구받은 당사자 또는 참고인은 지정된 출석일시에 출석하는 것이 업무 또는 생활에 지장이 있는 경우에는 출석요구일 7일 전까지 환경부령으로 정하는 서식에 따라 물관리위원회에 출석일시를 변경하여 줄 것을 신청할 수 있다. 〈신설 2022. 7. 19.〉

③ 물관리위원회는 제2항에 따라 출석일시 변경신청을 받은 경우에는 신청을 받은 날부터 7일 이내에 환경부령으로 정하는 서식에 따라 당사자 또는 참고인에게 출석일시 변경 여부를 통지해야 한다. 〈신설 2022. 7. 19.〉

④ 물관리위원회는 제1항에 따라 출석한 참고인에게 예산의 범위

에서 여비와 그 밖에 필요한 실비를 지급할 수 있다. 〈개정 2022. 7. 19.〉

제21조(조정 비용) 물관리위원회의 물분쟁 조정절차에 드는 비용은 당사자가 부담한다. 다만, 다음 각 호의 비용은 제외한다.

1. 물관리위원회의 위원·직원 및 관계 전문가의 출장에 드는 비용
2. 법 제34조제2항에 따라 출석을 요청받은 참고인의 출장에 드는 비용
3. 물분쟁 조정절차의 진행에 드는 우편요금

제22조(조정의 종료 등) ① 물관리위원회는 다음 각 호의 어느 하나에 해당하는 경우에는 물분쟁 조정신청을 각하(却下)할 수 있다.

1. 조정신청의 내용과 직접적인 이해관계가 없는 자가 조정신청을 한 경우
2. 신청인이 부당한 이익을 얻을 목적으로 조정신청을 한 것으로 인정되는 경우
3. 신청인이 같은 사안에 대하여 취지 및 이유의 변경 없이 2회 이상 조정신청을 한 경우
4. 다른 법률에 따른 소송절차 또는 조정절차를 이미 거쳤거나 거치고 있는 경우

② 물관리위원회는 다음 각 호의 어느 하나에 해당하는 경우에는 물관리위원회의 의결을 거쳐 물분쟁 조정절차를 종료할 수 있다. 다만, 제2호부터 제4호까지의 어느 하나에 해당하는 경우에는 물분쟁 조정절차를 종료해야 한다. 〈개정 2022. 7. 19.〉

1. 신청인이 정당한 사유 없이 제16조제5항 전단에 따른 기간 내

에 조정신청에 대한 보완을 하지 않은 경우

2. 신청인이 조정신청을 취하(取下)한 경우

3. 당사자가 조정안을 수락하거나(법 제33조제3항 후단에 따라 조정안을 수락한 것으로 보는 경우를 포함한다) 조정에 합의하여 조정이 이루어진 경우

4. 당사자가 조정안을 수락하지 않아 조정이 이루어지지 않은 경우

③ 물관리위원회는 제1항에 따라 조정신청을 각하하거나 제2항에 따라 물분쟁 조정절차를 종료한 경우에는 환경부령으로 정하는 서식에 따라 당사자에게 그 사실을 통보해야 한다.

제23조(물분쟁 조정에 관한 세부 사항) 이 영에서 규정한 것 외에 물분쟁 조정에 관한 세부 사항은 물관리위원회의 의결을 거쳐 물관리위원회 위원장이 정한다.

제24조(물관리 협정의 체결) ① 물관리 협정을 체결하려는 자는 다음 각 호의 사항이 포함된 물관리 협정서를 작성하여 서로 교환해야 한다.

1. 물관리 협정의 명칭

2. 물관리 협정을 체결하려는 자

3. 물관리 협정의 대상 지역의 위치 및 범위

4. 물관리 협정의 목적 및 내용

5. 물관리 협정의 유효기간

6. 물관리 협정의 이행확보수단

7. 그 밖에 물관리 협정에 필요한 사항

② 물관리 협정을 체결한 자는 그 협정을 체결한 날부터 10일 이

내에 물관리 협정서의 복사본을 국가물관리위원회에 제출해야 한다.

③ 물관리위원회는 물관리 협정을 체결한 자에게 그 이행실적을 요구할 수 있다. 이 경우 물관리 협정을 체결한 자는 특별한 사유가 없으면 그 요구에 따라야 한다.

제25조(업무의 위탁) ① 법 제42조제1항에서 "대통령령으로 정하는 자"란 다음 각 호의 자를 말한다.

1. 「과학기술분야 정부출연연구기관 등의 설립·운영 및 육성에 관한 법률」 제2조에 따른 과학기술분야 정부출연연구기관(이하 이 조에서 "과학기술분야 정부출연연구기관"이라 한다)

2. 「정부출연연구기관 등의 설립·운영 및 육성에 관한 법률」 제2조에 따른 정부출연연구기관(이하 이 조에서 "정부출연연구기관"이라 한다)

3. 「지방자치단체출연 연구원의 설립 및 운영에 관한 법률」 제2조에 따른 지방자치단체출연 연구원(이하 이 조에서 "지방자치단체출연 연구원"이라 한다)

4. 한국농어촌공사

5. 한국수력원자력주식회사

6. 한국수자원공사

7. 한국환경공단

② 법 제42조제2항에서 "대통령령으로 정하는 자"란 다음 각 호의 자를 말한다. 〈개정 2021. 10. 5., 2023. 5. 23.〉

1. 과학기술분야 정부출연연구기관

2. 정부출연연구기관

3. 지방자치단체출연 연구원

4. 한국농어촌공사

5. 한국수력원자력주식회사

6. 한국수자원공사

7. 한국환경공단

8. 「한국환경산업기술원법」에 따른 한국환경산업기술원

8의2. 법 제36조의2제1항에 따른 유네스코 물안보국제연구교육센터

9. 법 제43조제1항에 따라 설립된 단체

10. 「물관리기술 발전 및 물산업 진흥에 관한 법률」 제22조제1항에 따른 한국물산업협의회

11. 「수도법」 제56조제1항에 따른 한국상하수도협회

12. 「수자원의 조사·계획 및 관리에 관한 법률」 제9조제5항에 따라 지정된 수문조사 전담기관

13. 「지하수법」 제5조제5항에 따른 지하수 관련 조사전문기관 또는 같은 법 제26조의2제1항에 따라 설립된 단체

14. 「환경정책기본법」 제59조제1항에 따른 한국환경보전원

15. 그 밖에 다음 각 목의 업무를 주된 업무로 하는 비영리법인 또는 비영리단체

가. 물관리

나. 물문화 육성·물관리 국제협력

③ 환경부장관, 유역물관리위원회 위원장, 중앙행정기관의 장 또는 지방자치단체의 장은 제1항 또는 제2항에 따른 기관·단체에 업

무를 위탁한 경우에는 위탁받은 기관이나 법인 또는 단체의 명칭·대표자 및 소재지와 위탁업무의 내용 등을 관보 또는 공보에 고시하거나 물관리위원회 홈페이지에 공고(유역물관리위원회 위원장의 경우만 해당한다)해야 한다.

제26조(단체의 설립) 법 제43조제1항에 따라 단체를 설립하려는 자는 다음 각 호의 사항이 포함된 정관을 작성하여 해당 중앙행정기관의 장의 인가를 받아야 한다. 정관의 내용을 변경하려는 경우에도 또한 같다.

1. 목적 및 명칭
2. 사무소
3. 회원의 자격에 관한 사항
4. 업무 및 집행에 관한 사항
5. 임원에 관한 사항
6. 그 밖에 단체의 운영에 필요한 사항

부칙 〈제29841호, 2019. 6. 11.〉

이 영은 2019년 6월 13일부터 시행한다.

부칙 〈제32024호, 2021. 10. 5.〉

이 영은 공포한 날부터 시행한다.

부칙 〈제32251호, 2021. 12. 28.〉 (환경부와 그 소속기관 직제)

제1조(시행일) 이 영은 2022년 1월 1일부터 시행한다.

제2조 생략

제3조(다른 법령의 개정) ①부터 ③까지 생략

④ 물관리기본법 시행령 일부를 다음과 같이 개정한다.

제7조제1항제4호를 삭제한다.

⑤부터 ⑯까지 생략

부칙 〈제32697호, 2022. 6. 14.〉 (댐건설·관리 및 주변지역지원 등에 관한 법률 시행령)

제1조(시행일) 이 영은 2022년 6월 16일부터 시행한다.

제2조(다른 법령의 개정) ①부터 ⑨까지 생략

⑩ 물관리기본법 시행령 일부를 다음과 같이 개정한다.

제13조제4항제4호를 다음과 같이 한다.

4. 「댐건설·관리 및 주변지역지원 등에 관한 법률」 제4조제1항에 따른 댐관리기본계획

⑪부터 ㉗까지 생략

제3조 생략

부칙 〈제32794호, 2022. 7. 11.〉 (수도법 시행령)

제1조(시행일) 이 영은 2022년 7월 12일부터 시행한다.

제2조(다른 법령의 개정) ① 생략

② 물관리기본법 시행령 일부를 다음과 같이 개정한다.

제13조제4항제8호를 다음과 같이 한다.

8. 「수도법」 제4조제1항에 따른 국가수도기본계획 및 같은 법 제5조제1항에 따른 수도정비계획

제14조제3항제9호 중 "「수도법」 제4조제1항제2호에 따른 수도정비기본계획"을 "「수도법」 제5조제1항에 따른 수도정비계획"으로 한다.

③ 생략

부칙 〈제32808호, 2022. 7. 19.〉

이 영은 공포한 날부터 시행한다.

부칙 〈제33479호, 2023. 5. 23.〉 (환경정책기본법 시행령)

제1조(시행일) 이 영은 2023년 6월 11일부터 시행한다.

제2조(다른 법령의 개정) ①부터 ④까지 생략

⑤ 물관리기본법 시행령 일부를 다음과 같이 개정한다.

제25조제2항제14호 중 "환경보전협회"를 "한국환경보전원"으로 한다.

⑥부터 ⑯까지 생략

부칙 〈제34550호, 2024. 6. 4.〉 (강원특별자치도 설치 및 미래산업글로벌도시 조성을 위한 특별법 시행령)

제1조(시행일) 이 영은 2024년 6월 8일부터 시행한다.

제2조 부터 제4조까지 생략

제5조(다른 법령의 개정) ①부터 ⑨까지 생략

⑩ 물관리기본법 시행령 일부를 다음과 같이 개정한다.

별표 제1호의 관할 구역란 및 같은 표 제2호의 관할 구역란 중 "강원도"를 각각 "강원특별자치도"로 한다.

⑪부터 ㊹까지 생략

부칙 〈제34989호, 2024. 11. 12.〉 (종이 없는 행정 구현을 위한 13개 법령의 일부개정에 관한 대통령령)

이 영은 공포한 날부터 시행한다.

부칙 〈제35089호, 2024. 12. 24.〉 (전북특별자치도 설치 및 글로벌생명경제도시 조성을 위한 특별법 시행령)

제1조(시행일) 이 영은 2024년 12월 27일부터 시행한다.

제2조 부터 제5조까지 생략

제6조(다른 법령의 개정) ①부터 ⑦까지 생략

⑧ 물관리기본법 시행령 일부를 다음과 같이 개정한다.

별표 제2호의 관할 구역란, 같은 표 제3호의 관할 구역란 및 같은 표 제4호의 관할 구역란 중 "전라북도"를 각각 "전북특별자치도"로 한다.

⑨부터 ㉞까지 생략

별표 / 서식

[별표] 유역물관리위원회의 명칭 · 위치 및 관할 구역(제2조 관련)

물관리기본법 시행규칙

[시행 2022. 7. 19.] [환경부령 제995호, 2022. 7. 19., 일부개정]

**개정 예정 법률 밑줄 별도 표시.

물관리기본법 시행규칙

[시행 2022. 7. 19.] [환경부령 제995호, 2022. 7. 19., 일부개정]

제1조(목적) 이 규칙은 「물관리기본법」 및 같은 법 시행령에서 위임된 사항과 그 시행에 필요한 사항을 규정함을 목적으로 한다.

제2조(물분쟁 조정의 신청 등) ① 물분쟁과 관련하여 이해관계가 있는 자(이하 "당사자"라 한다) 중 물분쟁 조정을 신청하려는 자는 「물관리기본법」(이하 "법"이라 한다) 제32조제1항에 따라 별지 제1호서식의 물분쟁 조정신청서를 법 제20조제1항에 따른 국가물관리위원회와 같은 항에 따른 유역물관리위원회(이하 "물관리위원회"라 한다)에 제출해야 한다.

② 「물관리기본법 시행령」(이하 "영"이라 한다) 제16조제2항에 따라 물분쟁 조정의 취지나 이유의 변경을 신청하려는 자는 별지 제2호서식의 물분쟁 조정 변경신청서에 피신청인의 동의 사실을 증명할 수 있는 서류를 첨부하여 물관리위원회에 제출해야 한다.

③ 물관리위원회는 영 제16조제3항에 따라 물분쟁 조정의 신청 또는 변경신청 사실을 통지하거나 같은 조 제5항 후단에 따라 물분쟁 조정사건의 분리 또는 병합 사실을 통지할 때에는 별지 제3호서식에 따른다.

제3조(선정대표자) ① 당사자는 영 제17조제3항에 따라 대표자의 선정 결과를 통지할 때에는 별지 제4호서식의 선정대표자 통지서에 당사자들의 동의서(성명 · 주소 및 생년월일이 적혀있고, 서명 또는 날인되거나 손도장이 찍힌 것을 말한다)를 첨부하여 물관리위원회에 제출해야 한다.

② 당사자는 영 제17조제6항 후단에 따라 선정된 대표자의 해임 또는 변경사실을 통지할 때에는 별지 제5호서식의 선정대표자 해임 · 변경 통지서에 당사자들의 동의서(성명 · 주소 및 생년월일이 적혀 있고, 서명 또는 날인되거나 손도장이 찍힌 것을 말한다)를 첨부하여 물관리위원회에 제출해야 한다.

제4조(대리인) 당사자는 영 제18조제2항에 따라 대리인을 선임하려는 경우에는 별지 제6호서식의 대리인 선임 신청서에 대리인 선임을 증명할 수 있는 서류를 첨부하여 물관리위원회에 제출해야 한다.

제5조(조정안 등) ① 영 제19조제2항에서 "환경부령으로 정하는 서식"이란 별지 제7호서식의 조정안을 말한다.

② 영 제19조제3항 각 호 외의 부분 전단에서 "환경부령으로 정하는 서식"이란 별지 제8호서식의 조정조서를 말한다.

제6조(자료제출 · 출석의 요구 및 출석일시 변경) ① 영 제20조제1항에서 "환경부령으로 정하는 서식"이란 별지 제9호서식의 자료제출 요구서 또는 별지 제10호서식의 출석 요구서를 말한다. 〈개정 2022. 7. 19.〉

② 영 제20조제2항에서 "환경부령으로 정하는 서식"이란 별지 제10호의2서식의 출석일시 변경신청서를 말한다. 〈신설 2022. 7. 19.〉

③ 영 제20조제3항에서 “환경부령으로 정하는 서식”이란 별지 제10호의3서식의 출석일시 변경신청 결과 통지서를 말한다. 〈신설 2022. 7. 19.〉

[제목개정 2022. 7. 19.]

제7조(조정의 종료) 영 제22조제3항에서 “환경부령으로 정하는 서식”이란 별지 제11호서식의 각하 통지서 또는 별지 제12호서식의 조정절차 종료 의결서를 말한다.

부칙 〈제809호, 2019. 6. 12.〉

이 규칙은 2019년 6월 13일부터 시행한다.

부칙 〈제995호, 2022. 7. 19.〉

이 규칙은 공포한 날부터 시행한다.

별표 / 서식

[별지 제1호서식] 물분쟁 조정신청서

[별지 제2호서식] 물분쟁 조정 변경신청서

[별지 제3호서식] 물관리위원회 통지서

[별지 제4호서식] 선정대표자 통지서

[별지 제5호서식] 선정대표자(해임, 변경)통지서

[별지 제6호서식] 대리인 선임 신청서

[별지 제7호서식] 물관리위원회 조정안

[별지 제8호서식] 물관리위원회 조정조서

[별지 제9호서식] 물관리위원회 자료제출 요구서

[별지 제10호서식] 물관리위원회 출석 요구서

[별지 제10호의2서식] 물관리위원회 출석일시 변경신청서

[별지 제10호의3서식] 물관리위원회 출석일시 변경신청 결과 통지서

[별지 제11호서식] 물관리위원회 각하 통지서

[별지 제12호서식] 물관리위원회 조정절차 종료 의결서

대한민국 법령 시리즈 128

물관리기본법

법령 / 시행령 / 시행규칙

2025년 9월 24일 인쇄 정가 10,000원
2025년 10월 4일 발행

편 저 편집부
디 자 인 송영미
발 행 인 조준형 http://www.hgbookpub.com
발 행 처 해광출판사 E-mail : munbookcokr@naver.com
주 소 부산광역시 중구 해관로 41-1 (중앙동2가)
전화번호 (051) 253-0001 팩스 (051) 245-1187
등 록 제 2012-000005호

해광출판사에서는 여러분의 소중한 원고와 함께 할 기회를 기다리고 있습니다. 책으로 엮을 원고나 아이디어가 있으신 분들은 이메일 munbookcokr@naver.com로 책에 대한 간단한 개요와 원고 전체 또는 일부를 연락처와 함께 보내주십시오.

ISBN 979-11-6881-895-8

※ 법령 출처 : 법제처 국가법령정보센터
※ 본 도서는 〈공공데이터 제공 및 이용 활성화에 관한 법률〉을 근거로 출판되었습니다.

해광출판사 대한민국 법령 시리즈

001. 선원법
002. 어선법
003. 선박직원법
004. 해사안전기본법
005. 해양환경관리법
006. 선박의 입항 및 출항등에 관한 법률
007. 학교안전사고예방 및 보상에 관한 법률
008. 종합부동산세법
009. 방위사업법
010. 행정규제기본법
011. 식품산업진흥법
012. 위험물안전관리법
013. 화재의 예방 및 안전관리에 관한 법률
014. 도시가스사업법
015. 실내공기질관리법
016. 지방세법
017. 소득세법
018. 법인세법
019. 도선법
020. 선박안전법
021. 선박법
022. 수산업법
023. 고압가스안전관리법
024. 국민연금법
025. 공동주택관리법
026. 화학물질관리법
027. 어선원 및 어선 재해보상보험법
028. 장기등 이식에 관한 법률
029. 자연재해대책법
030. 공유재산 및 물품 관리법
031. 산업입지 및 개발에 관한 법률
032. 부정경쟁방지 및 영업비밀보호에 관한 법률
033. 금융지주회사법
034. 온실가스 배출권의 할당 및 거래에 관한 법률
035. 건축사법
036. 산림문화휴양에 관한 법률
037. 전기사업법
038. 사립학교법
039. 고등교육법
040. 액화석유가스의 안전관리 및 사업법
041. 선박투자회사법
042. 수산자원관리법
043. 위험물선박운송및저장규칙
044. 선박평형수관리법
045. 주택임대차보호법
046. 상가건물임대차보호법
047. 지방공기업법
048. 승강기안전관리법
049. 수목원·정원의 조성 및 진흥에 관한 법률
050. 민법
051. 치료감호 등에 관한 법률
052. 대부업 등의 등록 및 금융이용자 보호에 관한 법률
053. 사료관리법
054. 무형문화재 보전 및 진흥에 관한 법률
055. 총포·도검·화약류 등의 안전관리에 관한 법률
056. 경찰관직무집행법
057. 시설물의 안전 및 유지관리에 관한 특별법
058. 수산생물질병 관리법
059. 소비자기본법
060. 국제선박등록법
061. 정보통신망 이용촉진 및 정보보호 등에 관한 법률
062. 해운법
063. 농수산물 품질관리법
064. 수산업협동조합법
065. 해외건설촉진법
066. 수상레저안전법
067. 공무원재해보상법
068. 수상에서의 수색·구조 등에 관한 법률
069. 어촌어항법
070. 항만법
071. 항만운송사업법
072. 해양경비법
073. 해양사고의 조사 및 심판에 관한 법률
074. 외국인근로자의 고용 등에 관한 법률
075. 중소기업기본법
076. 자유무역지역의 지정 및 운영에 관한 법률
077. 대기환경보전법
078. 소음진동관리법
079. 폐기물관리법
080. 하수도법
081. 물환경보전법
082. 토양환경보전법
083. 환경정책기본법
084. 산업재해보상보험법
085. 관세법
086. 노동조합 및 노동관계조정법
087. 근로기준법
088. 군인연금법
089. 먹는물관리법
090. 기술보증기금법
091. 관광진흥법
092. 감염병의 예방 및 관리에 관한 법률
093. 사법경찰관리의 직무를 수행할 자와 그 직무범위에 관한 법률
094. 수의사법
095. 가정폭력방지 및 피해자보호 등에 관한 법률
096. 환경영향평가법
097. 체육시설의 설치 · 이용에 관한 법률
098. 장사 등에 관한 법률
099. 상호저축은행법
100. 은행법
101. 보호관찰 등에 관한 법률
102. 형법
103. 자동차관리법
104. 형사소송법
105. 전자금융거래법
106. 마약류 불법거래 방지에 관한 특례법
107. 도로법
108. 주세법
109. 변리사법
110. 하천법
111. 중소기업진흥에 관한 법률
112. 발달장애인 권리보장 및 지원에 관한 법률
113. 주택법
114. 장애인복지법
115. 농어업경영체 육성 및 지원에 관한 법률
116. 공인중개사법
117. 건강기능식품에 관한 법률
118. 예비군법
119. 개발제한구역의 지정 및 관리에 관한 특별조치법
120. 국유재산법
121. 주차장법
122. 환경기술 및 환경산업 지원법
123. 대기관리권역의 대기환경개선에 관한 특별법
124. 악취방지법
125. 미세먼지 저감 및 관리에 관한 특별법
126. 가축분뇨의 관리 및 이용에 관한 법률
127. 물의 재이용 촉진 및 지원에 관한 법률
128. 물관리기본법
129. 물관리기술 발전 및 물산업 진흥에 관한 법률
130. 자원의 절약과 재활용촉진에 관한 법률
131. 전기 · 전자제품 및 자동차의 자원순환에 관한 법률
132. 건설폐기물의 재활용촉진에 관한 법률
133. 수도권매립지관리공사의 설립 및 운영 등에 관한 법률
134. 폐기물의 국가 간 이동 및 그 처리에 관한 법률
135. 폐기물처리시설 설치촉진 및 주변지역지원 등에 관한 법률
136. 자원순환기본법
137. 잔류성오염물질 관리법
138. 환경분쟁 조정법

해광출판사 대한민국 법령 시리즈

139. 화학물질의 등록 및 평가 등에 관한 법률
140. 환경오염시설의 통합관리에 관한 법률
141. 환경오염피해 배상책임 및 구제에 관한 법률
142. 중소기업제품 구매촉진 및 판로지원에 관한 법률
143. 환경개선비용 부담법
144. 환경분야 시험·검사 등에 관한 법률
145. 환경친화적 산업구조로의 전환촉진에 관한 법률
146. 환경친화적 자동차의 개발 및 보급 촉진에 관한 법률
147. 환경범죄 등의 단속 및 가중처벌에 관한 법률
148. 생명윤리 및 안전에 관한 법률
149. 장애인차별금지 및 권리구제 등에 관한 법률
150. 부동산투자회사법
151. 정치자금법
152. 과학기술기본법
153. 대리점거래의 공정화에 관한 법률
154. 상속세 및 증여세법
155. 학원의 설립 · 운영 및 과외교습에 관한 법률
156. 해양심층수의 개발 및 관리에 관한 법률
157. 전기용품 및 생활용품 안전관리법
158. 사회기반시설에 대한 민간투자법
159. 공직선거법
160. 정당법
161. 유류오염손해배상 보장법
162. 부정청탁 및 금품등 수수의 금지에 관한 법률
163. 항로표지법
164. 어장관리법
165. 민방위기본법
166. 공직자윤리법
167. 선거관리위원회법
168. 유선 및 도선 사업법
169. 전기공사업법
170. 사회복지사업법
171. 택지개발촉진법
172. 국가공무원법
173. 민간임대주택에 관한 특별법
174. 어음법·수표법
175. 민사집행법
176. 상법
177. 문화예술진흥법
178. 중소기업협동조합법
179. 농업협동조합법
180. 도로교통법
181. 의료사고 피해구제 및 의료분쟁 조정 등에 관한 법률
182. 산림보호법
183. 소년법
184. 동물보호법
185. 건축물관리법
186. 도시개발법
187. 화물자동차 운수사업법
188. 도시 및 주거환경정비법
189. 의료법
190. 국회법
191. 응급의료에 관한 법률
192. 출입국관리법
193. 노인복지법
194. 산림자원의 조성 및 관리에 관한 법률
195. 청소년 보호법
196. 초 · 중등교육법
197. 혁신도시 조성 및 발전에 관한 특별법
198. 경제자유구역의 지정 및 운영에 관한 특별법
199. 공공기관의 운영에 관한 법률
200. 대한민국헌법
201. 국민기초생활 보장법
202. 저작권법
203. 가사소송법
204. 국가유공자 등 예우 및 지원에 관한 법률
205. 국민체육진흥법
206. 전통주 등의 산업진흥에 관한 법률
207. 재난 및 안전관리 기본법
208. 정보통신공사업법
209. 주식회사 등의 외부감사에 관한 법률
210. 공익사업을 위한 토지 등의 취득 및 보상에 관한 법률
211. 개인정보 보호법
212. 국세기본법
213. 에너지이용 합리화법
214. 감정평가 및 감정평가사에 관한 법률
215. 국가인권위원회법
216. 가맹사업거래의 공정화에 관한 법률
217. 보건의료기본법
218. 산업안전보건법
219. 법무사법
220. 교육공무원법
221. 특허법
222. 민사소송법
223. 아동복지법
224. 전파법
225. 하도급거래 공정화에 관한 법률
226. 기초연금법
227. 사립학교교직원 연금법
228. 직업안정법
229. 장애아동 복지지원법
230. 부동산등기법
231. 자동차손해배상 보장법
232. 철도안전법
233. 항공안전법
234. 전자상거래 등에서의 소비자보호에 관한 법률
235. 독점규제 및 공정거래에 관한 법률
236. 상표법
237. 채무자 회생 및 파산에 관한 법률
238. 공무원연금법
239. 축산법
240. 근로복지기본법
241. 민원 처리에 관한 법률
242. 약사법
243. 방문판매 등에 관한 법률
244. 건축기본법
245. 지방세기본법
246. 지방세징수법
247. 지방자치법
248. 도시교통정비 촉진법
249. 공공주택 특별법
250. 국세징수법
251. 공인노무사법
252. 중대재해 처벌 등에 관한 법률
253. 외무공무원법
254. 소방시설공사업법
255. 검역법
256. 공중위생관리법
257. 할부거래에 관한 법률
258. 인터넷 멀티미디어 방송사업법
259. 전기통신사업법
260. 제품안전기본법
261. 철도사업법
262. 어린이제품 안전 특별법
263. 영유아보육법
264. 원자력안전법
265. 보험업법
266. 경비업법
267. 교통안전법
268. 세무사법
269. 관세사법
270. 공인회계사법
271. 지방공무원법
272. 고용정책 기본법
273. 국가경찰과 자치경찰의 조직 및 운영에 관한 법률
274. 협동조합 기본법
275. 재해구호법
276. 환경보건법

해광출판사 대한민국 법령 시리즈

277. 자살예방 및 생명존중문화 조성을 위한 법률
278. 소방산업의 진흥에 관한 법률
279. 소방기본법
280. 비송사건절차법
281. 자연환경보전법
282. 변호사법
283. 기업구조조정투자회사법
284. 전기통신기본법
285. 에너지법
286. 해양생태계의 보전 및 관리에 관한 법률
287. 사회보장기본법
288. 통신비밀보호법
289. 공증인법
290. 물류시설의 개발 및 운영에 관한 법률
291. 청소년활동 진흥법
292. 형의 집행 및 수용자의 처우에 관한 법률
293. 도시공원 및 녹지 등에 관한 법률
294. 태권도 진흥 및 태권도공원 조성 등에 관한 법률
295. 녹색건축물 조성 지원법
296. 우편법
297. 예금자보호법
298. 건설산업기본법
299. 금융회사의 지배구조에 관한 법률
300. 장애인활동 지원에 관한 법률
301. 언론중재 및 피해구제 등에 관한 법률
302. 국가재정법
303. 농지법
304. 게임산업진흥에 관한 법률
305. 정신건강증진 및 정신질환자 복지서비스 지원에 관한 법률
306. 디자인보호법
307. 의료기사 등에 관한 법률
308. 스마트도시 조성 및 산업진흥 등에 관한 법률
309. 내수면어업법
310. 한국주택금융공사법
311. 의료기기법
312. 유통산업발전법
313. 전통시장 및 상점가 육성을 위한 특별법
314. 여신전문금융업법
315. 해외자원개발 사업법
316. 산업교육진흥 및 산학연협력촉진에 관한 법률
317. 빈집 및 소규모주택 정비에 관한 특례법
318. 기업도시개발 특별법
319. 전력기술관리법
320. 국토기본법
321. 지하수법
322. 식품위생법
323. 광업법
324. 호스피스·완화의료 및 임종과정에 있는 환자의 연명의료결정에 관한 법률
325. 주식·사채 등의 전자등록에 관한 법률
326. 표시·광고의 공정화에 관한 법률
327. 골재채취법
328. 국민건강증진법
329. 새마을금고법
330. 여객자동차 운수사업법
331. 마리나항만의 조성 및 관리 등에 관한 법률
332. 한부모가족지원법
333. 국가를 당사자로 하는 계약에 관한 법률
334. 지방자치단체를 당사자로 하는 계약에 관한 법률
335. 축산물 위생관리법
336. 병역법
337. 음악산업진흥에 관한 법률
338. 국가균형발전 특별법
339. 첨단재생의료 및 첨단바이오의약품 안전 및 지원에 관한 법률
340. 공간정보의 구축 및 관리 등에 관한 법률
341. 공유수면 관리 및 매립에 관한 법률
342. 농수산물 유통 및 가격안정에 관한 법률
343. 아시아문화중심도시 조성에 관한 특별법
344. 신탁법
345. 자연공원법
346. 생활화학제품 및 살생물제의 안전관리에 관한 법률
347. 군인사법
348. 국제조세조정에 관한 법률
349. 낙동강수계 물관리 및 주민지원 등에 관한 법률
350. 주민등록법
351. 집합건물의 소유 및 관리에 관한 법률
352. 집단에너지사업법
353. 산림조합법
354. 반도체집적회로의 배치설계에 관한 법률
355. 자본시장과 금융투자업에 관한 법률
356. 담보부사채신탁법
357. 근로자퇴직급여 보장법
358. 국제과학비즈니스벨트 조성 및 지원에 관한 특별법
359. 수도법
360. 식품 등의 표시·광고에 관한 법률
361. 약관의 규제에 관한 법률
362. 인삼산업법
363. 종자산업법
364. 항공사업법
365. 건설기계관리법
366. 군형법
367. 궤도운송법
368. 기술의 이전 및 사업화 촉진에 관한 법률
369. 농수산물의 원산지 표시 등에 관한 법률
370. 담배사업법
371. 석유 및 석유대체연료 사업법
372. 가축전염병 예방법
373. 농어촌정비법
374. 식물신품종 보호법
375. 항공보안법
376. 중소기업창업 지원법
377. 군사법원법
378. 우주개발 진흥법
379. 해저광물자원 개발법
380. 산림복지 진흥에 관한 법률
381. 지능형 로봇 개발 및 보급 촉진법
382. 헌법재판소법
383. 옥외광고물 등의 관리와 옥외광고산업 진흥에 관한 법률
384. 혈액관리법
385. 국제항해선박 등에 대한 해적행위 피해예방에 관한 법률
386. 유료도로법
387. 독립유공자예우에 관한 법률
388. 신에너지 및 재생에너지 개발·이용·보급 촉진법
389. 신용정보의 이용 및 보호에 관한 법률
390. 출판문화산업 진흥법
391. 공항시설법
392. 국민 평생 직업능력 개발법
393. 아동·청소년의 성보호에 관한 법률
394. 방송법쉬
395. 신용보증기금법
396. 화장품법
397. 청소년 기본법
398. 인터넷주소자원에 관한 법률
399. 양곡관리법
400. 도로명주소법
401. 전자문서 및 전자거래 기본법
402. 산업기술의 유출방지 및 보호에 관한 법률
403. 국가기술자격법
404. 양식산업발전법
405. 산업기술혁신 촉진법
406. 새만금사업 추진 및 지원에 관한 특별법
407. 전자정부법
408. 지역 개발 및 지원에 관한 법률
409. 한국농어촌공사 및 농지관리기금법
410. 계량에 관한 법률
411. 기업활동 규제완화에 관한 특별조치법
412. 군에서의 형의 집행 및 군수용자의 처우에 관한 법률

해광출판사 대한민국 법령 시리즈

413. 규제자유특구 및 지역특화발전특구에 관한 규제특례법
414. 금융위원회의 설치 등에 관한 법률
415. 남녀고용평등과 일 · 가정 양립 지원에 관한 법률
416. 농어업인 삶의 질 향상 및 농어촌지역 개발촉진에 관한 특별법
417. 댐건설 · 관리 및 주변지역지원 등에 관한 법률
418. 국가유산수리 등에 관한 법률
419. 법원조직법
420. 보훈보상대상자 지원에 관한 법률
421. 부패방지 및 국민권익위원회의 설치와 운영에 관한 법률
422. 과학기술분야 정부출연연구기관 등의 설립 · 운영 및 육성에 관한 법률
423. 연구개발특구의 육성에 관한 특별법
424. 친환경농어업 육성 및 유기식품 등의 관리 · 지원에 관한 법률
425. 연안관리법
426. 영화 및 비디오물의 진흥에 관한 법률
427. 신용협동조합법
428. 방송통신발전 기본법
429. 범죄피해자 보호법
430. 가축 및 축산물 이력관리에 관한 법률
431. 국가표준기본법
432. 국가통합교통체계효율화법
433. 범죄인 인도법
434. 국가과학기술 경쟁력 강화를 위한 이공계지원 특별법
435. 국제경기대회 지원법
436. 금융혁신지원 특별법
437. 수자원의 조사 · 계획 및 관리에 관한 법률
438. 축산자조금의 조성 및 운용에 관한 법률
439. 소방시설 설치 및 관리에 관한 법률
440. 양성평등기본법
441. 축산계열화사업에 관한 법률
442. 수입식품안전관리 특별법
443. 대외무역법
444. 국가연구개발사업 등의 성과평가 및 성과관리에 관한 법률
445. 무역보험법
446. 기술사법
447. 광산안전법
448. 농약관리법
449. 농업 · 농촌 및 식품산업 기본법
450. 문화산업진흥 기본법
451. 부담금관리 기본법
452. 야생생물 보호 및 관리에 관한 법률
453. 한국은행법
454. 별정우체국법
455. 원양산업발전법
456. 콘텐츠산업 진흥법
457. 한국수출입은행법
458. 외국인투자 촉진법
459. 물류정책기본법
460. 전자서명법
461. 산업발전법
462. 산업표준화법
463. 소프트웨어 진흥법
464. 토지이용규제 기본법
465. 해수욕장의 이용 및 관리에 관한 법률
466. 정보통신 진흥 및 융합 활성화 등에 관한 특별법
467. 정보통신산업 진흥법
468. 지진 · 화산재해대책법
469. 소금산업진흥법
470. 위치정보의 보호 및 이용 등에 관한 법률
471. 외국법자문사법
472. 이러닝(전자학습)산업 발전 및 이러닝 활용 촉진에 관한 법률
473. 암관리법
474. 실용신안법
475. 가족관계의 등록 등에 관한 법률
476. 무인도서의 보전 및 관리에 관한 법률
477. 감사원법
478. 정보보호산업의 진흥에 관한 법률
479. 결혼중개업의 관리에 관한 법률
480. 공익신고자 보호법
481. 박물관 및 미술관 진흥법
482. 낚시 관리 및 육성법
483. 동산 · 채권 등의 담보에 관한 법률
484. 임금채권보장법
485. 국민투표법
486. 농림수산업자 신용보증법
487. 국가채권 관리법
488. 중소기업은행법
489. 식품안전기본법
490. 외국환거래법
491. 발명진흥법
492. 건설기술 진흥법
493. 기후위기 대응을 위한 탄소중립 · 녹색성장 기본법
494. 인체조직안전 및 관리 등에 관한 법률
495. 엔지니어링산업 진흥법
496. 신문 등의 진흥에 관한 법률
497. 식물방역법
498. 석탄산업법
499. 산업융합 촉진법
500. 비료관리법
501. 임업 및 산촌 진흥촉진에 관한 법률
502. 복권 및 복권기금법
503. 대규모유통업에서의 거래 공정화에 관한 법률
504. 뉴스통신 진흥에 관한 법률
505. 지능정보화 기본법
506. 자격기본법
507. 중소기업 기술혁신 촉진법
508. 국가공간정보 기본법
509. 농어업재해대책법
510. 방송광고판매대행 등에 관한 법률
511. 지식재산 기본법
512. 초고층 및 지하연계 복합건축물 재난관리에 관한 특별법
513. 해양 조사와 해양정보 활용에 관한 법률
514. 공간정보산업 진흥법
515. 공공기관의 정보공개에 관한 법률
516. 행정기본법
517. 해상교통안전법
518. 농어업재해보험법
519. 문화유산의 보존 및 활용에 관한 법률
520. 자연유산의 보존 및 활용에 관한 법률
521. 국토의 계획 및 이용에 관한 법률
522. 건축법
523. 국민건강보험법
524. 계엄법
525. 환경친화적 선박의 개발 및 보급 촉진에 관한 법률
526. 해양폐기물 및 해양오염퇴적물 관리법
527. 연안사고 예방에 관한 법률
528. 전기안전관리법
529. 의약품 등의 안전에 관한 규칙
530. 공공보건의료에 관한 법률
531. 군보건의료에 관한 법률
532. 농어촌 등 보건의료를 위한 특별조치법
533. 보호소년 등의 처우에 관한 법률
534. 국가를 당사자로 하는 소송에 관한 법률
535. 간호법
536. 국립묘지의 설치 및 운영에 관한 법률
537. 주류 면허 등에 관한 법률
538. 부가가치세법
539. 자율운항선박 개발 및 상용화 촉진에 관한 법률

*** 해광출판사의 법령 시리즈는 계속 발행 됩니다.**
**** 각 도서의 개정판은 인쇄일을 기준으로 제작 되었습니다.**